# BEI GRIN MACHT SICH IHR WISSEN BEZAHLT

AF144600

- Wir veröffentlichen Ihre Hausarbeit,
  Bachelor- und Masterarbeit

- Ihr eigenes eBook und Buch -
  weltweit in allen wichtigen Shops

- Verdienen Sie an jedem Verkauf

Jetzt bei www.GRIN.com hochladen
und kostenlos publizieren

Frank Alibegovic

# Dialogische Verfahren und Gesprächsmethoden bei Diagnostik und Evaluation

## Lernzusammenfassung in Stichpunkten

GRIN Verlag

**Bibliografische Information der Deutschen Nationalbibliothek:**

Die Deutsche Bibliothek verzeichnet diese Publikation in der Deutschen National-
bibliografie; detaillierte bibliografische Daten sind im Internet über http://dnb.d-
nb.de/ abrufbar.

**Impressum:**

Copyright © 2007 GRIN Verlag GmbH
Druck und Bindung: Books on Demand GmbH, Norderstedt Germany
ISBN: 978-3-656-71348-7

**Dieses Buch bei GRIN:**

http://www.grin.com/de/e-book/277984/dialogische-verfahren-und-gespraechsme-
thoden-bei-diagnostik-und-evaluation

# Dialogische Verfahren und Gesprächsmethoden

## 1. Arten diagnostischer Gesprächsmethoden → *Abgrenzbarkeit...*

### 1.1. Anamnese (gr. *anamnesis*: Erinnerung)

#### a) Definition

*„das Insgesamt der Mitteilungen eines Probanden oder einer wesentlichen Bezugsperson über seine Persönlichkeit, Lebensgeschichte, soziale Bezüge, Erlebnisse, Handlungen, Einstellungen und Wünsche im Allgemeinen (!) oder in speziellen Bereichen"* (LUKESCH 1998, S. 95; Hervorhebung im Original)

#### b) Besonderheiten

– erfasst die Vorgeschichte eines Tatbestandes
– untersucht eher bewusstseinsnahe Aspekte; Exploration eher ganzheitlich und tiefergehend

#### c) Formen

– *Biographische Anamnese*
  • relevante Aspekte der Lebensgeschichte werden erfragt
  • objektive Daten z. B. Alter, Geschlecht, Schulbesuch, Berufsausbildung
  • subjektive Lebensgeschichte „als Produkt subjektiver Erinnerung und Verarbeitung von Ereignissen" (LUKESCH 1998, S. 96)
  • Struktur entweder chronologisch oder nach inhaltlichen Bereichen
– *Selbst- oder Fremdanamnese*
  • Angaben von der Zielperson selbst oder von einer dritten Auskunftsperson
  • Anlässe: Kinder, psychiatrische Patienten, Familienprobleme
– *Partielle Anamnese*
  • es werden nur Teilbereiche erfragt
  • vor allem in der Schulberatung von Bedeutung → **Folie 1 Vorschläge**
– *Lebenslaufanalyse*
  • zusätzlich zur Anamnese werden weitere Datenquellen untersucht z. B. Lebenslauf, Zeugnisse, Akten

#### d) Grenzen

– „Anamnestische Daten allein sind nur beschränkt aussagekräftig" (LUKESCH 1998, S. 99)
– die erhaltenen Informationen müssen mit Hypothesen, Theorien und anderen Daten verbunden werden

### 1.2. Exploration – **Erkundungsgespräch**

#### a) Definition

*„Exploration ist ... die mit psychologischer Sachkunde vorgenommene nicht-standartisierte mündliche Befragung eines einzelnen Menschen durch einen einzelnen Gesprächsführer mit dem Ziel, Aufschluß zu erhalten über 'das Individuum und seine Welt'"* (LUKESCH 1998, S. 100;

Hervorhebung im Original)

## b) Besonderheiten

- ermöglicht individuelle Orientierung und Anpassung durch den Interviewer
- Fragen, Erlebnisse usw. können in der persönlichkeitsspezifischen Bedeutung erfasst werden
- der durch die Exploration untersuchten Person werden keine Inhalte aufgezwungen
- das Individuum wird nicht durch methodische Zwänge eingeengt

„Es geht bei der Exploration um die Abbildung einer 'durch den methodischen Zugriff noch nicht veränderten seelischen Wirklichkeit'" (LUKESCH 1998, S. 100)

## 1.3. Interview – Befragung

### a) Definition

*„ein planmäßiges Vorgehen mit wissenschaftlicher Zielsetzung, bei dem die Versuchsperson durch eine Reihe gezielter Fragen oder mitgeteilter Stimuli zu verbalen Informationen veranlaßt werden soll"* (LUKESCH 1998, S. 101; Hervorhebung im Original)

### b) Formen nach dem Grad der Vorstrukturierung

- *standardisiertes Interview*
  - alle Fragen sind vorher festgelegt; beim Antwortmodus ist dies auch möglich
    - ◆ **Ja/Nein, Stimmt völlig – stimmt gar nicht, Auswahlantworten aus Vorgaben**
  - vor Allem bei der Erfragung strukturierter Daten anwendbar
  - Vorteile gegenüber Fragebögen
    - ◆ Lesefähigkeit wird nicht vorausgesetzt
    - ◆ die Aufmerksamkeit kann kontrolliert werden
    - ◆ eventuelle Missverständnisse können geklärt werden
  - Nachteile
    - ◆ interaktionsbedingte Antwortverzerrungen
- *halbstandardisiertes Gespräch bzw. teilstandardisierte Befragung*
  - Gesprächsthemen sind vorgegeben, Fragen aber nicht vorformuliert
  - Oder: Fragen sind vorgegeben, aber die Antwortmöglichkeiten offen
  - Sonderform: problemzentriertes Interview
    - ◆ verbindet offene Befragung mit dem Gespräch über vorher festgelegte Themen
    - ◆ zielt auf die subjektive Erlebniswirklichkeit des Probanden ab
- *freies Interview bzw. nicht-standardisierte Befragung*
  - Gesprächsthemen ergeben und entwickeln sich im Verlauf der Untersuchung
  - Anwendung z. B. als Tiefeninterview oder als qualitatives Interview
  - charakteristische Informationen ↔ subjektiv nicht bedeutsam oder nicht bewusst

### c) Formen nach der Anzahl der Beteiligten

- *duale Form:*               ein Interviewer    ↔    ein Befragter
- *„joint interview technique":*     ein Interviewer    ↔    mehrere Befragte
  - **Sozialverhalten zwischen den Befragten beobachtbar**
  - **verändertes Verhalten durch Selbstdarstellungstechniken**
- *reziproke Sozialsituation:*      mehrere Interviewer    ↔    ein Befragter
  - **z. B. bei Eignungsuntersuchungen**
  - **mit Aufgaben- und/oder Rollenverteilung (z. B. beim Verhör)**
  - **Erhöhung von Objektivität u. Reliabilität vs. soziale Einflüsse auf die Urteilsbildung**

# 2. Einflüsse auf die Ergebnisse dialogischer Verfahren

## 2.1. Allgemeine Vorüberlegungen

### a) Sicherung der Gesprächsinhalte → *Genauigkeit vs. Ökonomie*

**b) hoher Anspruch an Offenheit und Fähigkeit der Verbalisation und Selbsteinsicht**

**c) einzigartige subjektive Perspektive** vs. eventuelle Nicht-Thematisierung wichtiger Bereiche

**d) hohe Flexibilität des Interviewers notwendig**

**e) Vergleichbarkeit der Antworten** → *besonders bei Forschungsprojekten*

**f) Auswertung sehr aufwändig** → *Inhaltsanalyse und Überprüfung auf Objektivität*

## 2.2. Pragmatische Axiome der menschlichen Kommunikation (WATZLAWICK et al.)

### a) Axiom 1:

„Man kann nicht nicht kommunizieren."

### b) Axiom 2:

„Jede Kommunikation hat einen Inhalts- und einen Beziehungsaspekt, derart, dass letzterer den ersteren bestimmt und daher eine Metakommunikation ist."

- Mit allem, was wir sagen, wird auch deutlich, welche Beziehung wir zum Empfänger einnehmen.
- Auch, wenn wir nur über Sachverhalte sprechen, definieren wir gleichzeitig - und können es nicht nicht tun - unsere Beziehung zu der anderen Person. Die Art, wie wir fragen oder sprechen (Tonfall, Mimik, Gestik) wird dabei unsere Einstellung zur anderen ausdrücken.
- Weiterhin steht fest, dass wir das meiste in unserem Leben, auch im Berufs- oder im Geschäftsleben, beziehungsgeleitet tun.

### c) Axiom 3:

„Die Natur einer Beziehung ist durch die Interpunktion der Kommunikationsabläufe seitens der Partner bedingt."

- Diese "subjektive" Wirklichkeit, die wir zugleich für objektiv halten, bestimmt dann unser weiteres Handeln.
- Ein Ehepaar hat dauernd Streit. Sie, die Ehefrau nörgelt dauernd an ihrem Mann herum, der Ehemann zieht sich zurück und sie nörgelt.
- Beide interpretieren also ihr Verhalten als Reaktion auf das Verhalten des anderen, sie interpunktieren diese Ereignisfolgen so, dass jeweils das Tun des anderen als Ursache für das eigene Tun genommen wird:
- Sie geht davon aus, dass sie nörgelt, weil er sich zurückzieht.
- Er geht davon aus, dass er sich zurückzieht, weil sie nörgelt.

### d) Axiom 4:

„Menschliche Kommunikation bedient sich digitaler und analoger Modalitäten. Digitale Kommunikationen haben eine komplexe und vielseitige logische Syntax, aber eine auf dem Gebiet der Beziehungen unzulängliche Semantik. Analoge Kommunikationen hingegen besitzen dieses semantische Potential, ermangeln aber die, für die eindeutige Kommunikation erforderliche, logische Syntax."

- die digitale bezieht sich auf Worte und Sätze, die bestimmten Objekten zugeordnet sind. Diese Sprache ist logisch, abstrakt und repräsentiert den Inhaltsaspekt.
- Objekte können auf zwei verschiedene Arten zum Gegenstand von Kommunikation werden. Sie lassen sich entweder durch Analogie (z.B. eine Zeichnung) oder durch einen Namen darstellen.
- Die Darstellung eines Objektes kann zweifach erfolgen, damit es Gegenstand von Kommunikation werden kann. Z.B. gibt es die analoge Darstellungsweise: z.B. in

Form einer Zeichnung, der Körpersprache etc. Die analoge Darstellungsweise hat eine grundsätzliche Ähnlichkeitsbeziehung zum Gegenstand. Die digitale Darstellungsweise (digits: Zahlen) gibt den zu bezeichnenden Dingen Namen, deren Beziehung zum Gegenstand rein zufällig sind.

- Mit der digitalen Kommunikation sind die objektiven Tatbestände einer Mitteilung gemeint, sie entspricht also dem Inhaltsaspekt. Digitale Kommunikationen haben eine komplexe und vielseitige Syntax, aber eine auf dem Gebiet der Beziehungen unzureichende Semantik. Informationen über die Beziehung in der Kommunikation versteht man nur durch die den Satz begleitenden Gesten, den Tonfall usw. Dies fällt unter die analoge Kommunikation; hier fehlt aber eine logische Syntax (es läßt sich z.b. keine Verneinung darstellen).

- Zu einem Problem bei der Übersetzung zwischen digitaler und analoger Kommunikation kommt es auch aufgrund der Tatsache, dass in der analogen Kommunikation keine Verneinung ausgedrückt werden kann.

- Wenn Inhalts- und Beziehungsaspekt nicht übereinstimmen. Diese im Extremfall "schizophrenogene" Situation ist beispielsweise gegeben, wenn eine Mutter verbal (digital) Liebe von ihrem Kind verlangt, im Verhalten und im Ausdruck jedoch (analog) zu verstehen gibt, daß sie die Liebesbezeigungen des Kindes ablehnt. Sie wird beispielsweise bei Umarmungen, die sie zuvor als erwünscht signalisiert hat, steif wie ein Stock, und kommuniziert dadurch: "Ich will deine Liebe nicht". Das Kind lebt somit in einer Doppelbindung (*double-bind*): Es soll die Mutter lieben, *darf* das aber nicht.

## e) Axiom 5:

„Zwischenmenschliche Kommunikationsabläufe sind entweder symmetrisch oder komplementär, je nachdem ob die Beziehung zwischen den Partnern auf Gleichheit oder Unterschiedlichkeit beruht."

- Im ersten Fall ist das Verhalten der beiden Partner quasi spiegelbildlich und ihre Interaktion daher *symmetrisch*. Die Partner können in ihrem Verhalten ebenbürtig sein. Im zweiten Fall ergänzt das Verhalten des einen Partners das des anderen. Dadurch ergibt sich ein anderes Verhältnis unter den Partnern, welches *komplementär* ist. Symmetrische Beziehungen zeichnen sich durch Streben nach Gleichheit und Verminderung von Unterschieden zwischen den Partnern aus, während komplementäre Interaktionen auf sich gegenseitig ergänzenden Unterschiedlichkeiten basieren.

- Die komplementäre Beziehung hat zwei Stellungen: zum einen die superiore, primäre Stellung, die nicht gleichbedeutend mit stark ist und die inferiore, sekundäre Stellung, welche nicht mit der schwachen Position zu übersetzen ist. Die komplementären Kommunikationsabläufe ergeben sich v.a. Dingen in gesellschaftlichen oder kulturellen Kontexten z.B. Mutter/Kind, Lehrer/Schüler, Arzt/Patient.

- Es ist nicht etwa so, dass ein Partner dem anderen eine komplementäre Beziehung aufzwingt; vielmehr verhalten sich beide in einer Weise, die das bestimmte Verhalten des anderen voraussetzt, es gleichzeitig aber auch bedingt.

- Bei einer Störung in symmetrischen Interaktionen kommt es zur sogenannten symmetrischen Eskalation. Diese kommt zum Beispiel dann zustande, wenn beide Partner versuchen, sich gegenseitig zu übertrumpfen. Das Fehlen einer gegenseitigen Akzeptanz führt eine fortwährende Verwerfung der Selbstdefinition des anderen mit sich. In einer stabilen Beziehung wird eine symmetrische Eskalation dadurch vermieden, dass die gegenseitigen Ich- und Du-Definitionen bestätigt werden, da Respekt und Vertrauen vorhanden sind.

- Die Störung, die in komplementären Interaktionen auftreten kann, nennt Watzlawick *starre Komplementarität*. Zu dieser Störung kommt es meist durch die Entwertung der Selbstdefinition des anderen: A fordert von B die Bestätigung seiner Selbstdefinition. Diese widerspricht jedoch B's Bild von A. B's Zwangslage besteht darin, dass er seine Selbstdefinition von A abändern muss, damit sie die Selbstdefinition von A komplementiert.

## 2.3. Interaktionsbedingte Einflüsse

a) **Verhaltensweisen des Interviewers** → z. B. *Kopfnicken oder Schweigen*

b) **Ausstrahlung des Interviewers** → z. B. *freundlich-aufmunternd, fordernd-autoritär, neutral*

c) **Geschlecht des Interviewers** → z. B. *schätzen männliche Interviewer Patientinnen in sexueller Hinsicht seltener als schüchtern ein als Frauen als Befrager*

d) **Vorinformationen über den Probanden** → z. B. *Patient vs. Stellenbewerber*

e) **Lebenssituation des Interviewers** → *„bei Explorationen von Alkoholabhängigen durch Interviewer, die selbst vermehrt Alkohol konsumierten, (wurden) höhere Trinkangaben von seiten der Patienten erhalten... als von wenig trinkenden Interviewern"* (LUKESCH *1998, S. 106*)

f) **subtile Konditionierungsprozesse können bestimmte Antwortmuster hervorrufen**

2.4. Selbstdarstellungstechniken und Lüge → **gibt verschiedene Theorien und Kategorisierungen**

### a) Selbstdarstellungstechniken (TEDESCHI et al. 1985)

– strategisch vs. taktisch
  • strategisch: Anstreben situationsübergreifender Ziele (z. B. Bild meiner Person)
  • taktisch: kurzfristige, situationsspezifische Wirkungen
– assertiv vs. defensiv
  • assertiv: „Techniken des aktiven Gestaltens und der Durchsetzungsfähigkeit in sozialen Situationen" (LUKESCH 1998, S. 106)
  • defensiv: Verteidigung und Schutz der eigenen Person

### b) Impression-Management-Theorie (SCHLENKER 1980; MUMMENDEY 1990)

– Individuen streben nach einem möglichst hohen Maß an Selbstwertschätzung
– wird durch erfolgreichen Einfluss der Interaktionspartner erreicht
– subjektive Selbst-Wirksamkeits-Überzeugungen nach MIELKE (1990)
  • „Emotionale Zuwendung" → **z. B. Sympathie, Bewunderung, Interesse**
  • „Intellektuelle Anerkennung" → **z. B. fachliche Kompetenz, Klugheit, Bildung**
  • „Materielle Ziele" → **z. B. Erlangung einer Arbeitsstelle, einer Wohnung**

### c) Selbstdarstellungstechniken (JONES und PITTMAN 1982)

– Intrigation (Einschmeicheln, Sich-beliebt-Machen) → **Konformität zeigen, Schmeicheleien, anderen Gutes tun, eigene Kompetenz übertreiben**
– Einschüchterung → **Androhung negativer Konsequenzen**
– Selbstbeförderung → **Einschätzung der eigenen Person beim anderen erhöhen, z. B. durch Zuschreibung nur bedingt vorhandener Fähigkeiten („name dropping")**
– Exemplifikation → **sich als moralisch besonders integer darstellen**
– Demut → **eigene Schwäche und Abhängigkeit betonen z. B. dem Berater die Probleme zur Lösung übergeben**

### d) Bewusste Lügen

– direkte Lüge vs. uneingeschränkte Ehrlichkeit **(oder Echtheit)**
– auch im Sinne einer manipulierenden Beeinflussung z. B. durch Übertreibung, Angeberei, Schmeichelei, Nachgeben, Kompromisse, gezieltes Weglassen, rhetorisches Operieren mit Mehrdeutigkeit, Selbstbetrug und Wunschdenken, rücksichtsvolles Verschweigen, bewusste Vereinfachung, Höflichkeitsgesten, Kontrolle von emotionalem

Ausdruck
- subjektive Lügenerkennung
  - beruht auf „naiven Theorien" von Lügenkriterien
  - keine so hohe Korrelation mit objektiven Kriterien wie es subjektiv angenommen wird

# 3. Maßnahmen zur Optimierung von Befragungsergebnissen

## 3.1. Allgemeine Voraussetzungen

### a) Interviewer kann einen guten Kontakt zum Interviewten herstellen
- Sympathie und Antipathie stellen sich schnell und wenig rational gesteuert ein
- Emotionen ermöglichen sehr schnell eine Bewertung
- die affektiv-emotionale Reaktion gegenüber dem Interviewten mitprotokollieren

### b) den Angaben mit größtmöglicher Objektivität begegnen
- z. B. die eigene Projektionsneigung kontrollieren
- auch die Prozesse der Übertragung (Erwartungen des Probanden) und Gegenübertragung (eigene Erwartungen und Bedürfnisse) kontrollieren

### c) Rollenbeziehung der Gesprächssituation berücksichtigen
- an die Rollenbeziehung sind entsprechende soziale Erwartungen geknüpft
  - als Psychologe, Beratungslehrer, Arzt zu Verschwiegenheit verpflichtet
  - als Verbündeter des Interviewten, als Vertreter einer anderen Institution (Lehrer, Eignungspsychologe, Gerichtsgutachter) oder als Vertreter der Interessen des Klienten (z. B. als Therapeut) angesehen
  - als Gegner (Gutachter bei Führerscheinentzug) oder als Helfer (Berufsberatung) angesehen wird
- die Rollenbeziehung bestimmt **auch**, welche Themen als angemessen vom Interviewten angesehen werden und welche nicht
- in Abhängigkeit von Untersuchungszweck und Rollenbeziehung wird, um ein möglichst positives Bild abzugeben, beschönigt oder verschwiegen

### d) weitere Faktoren wie z. B. Geschlecht, Alter, Stimme, Bildungshintergrund

## 3.2. Gestaltung der Gesprächssituation

### a) Vorbereitung
- Auswahl der Themenbereiche (zumindest als Überlegung auch bei einem freien Interview)
- Auswertung bereits vorhandener Daten oder Testergebnisse
- bei einem Erstgespräch nur eingeschränkt möglich; evtl. mit Anamneseschema

### b) Räumliche Umstände
- Ausstattung des Raumes → nüchtern (Einstellungsgespräch) vs. familiär (Beratung)
- Sitzposition → Schreibtisch-„Versteck" vs. „über Eck"
- von äußeren Störungen abgeschirmt z. B. Telefon, Kollegen

### c) Zeitliche Umstände
- zu wenig Zeit führt zu fehlerhafter Informationsverarbeitung
- idealerweise von Anfang an festlegen
  - psychologische Beratung meist 45 Minuten
  - bei Kindern und Jugendlichen und in der schulischen Beratung kürzer (20-30 Min.)

### d) Gesprächseinstieg
- sachliche Informationen über Untersuchungszweck baut Widerstand ab

- in Beratungssituationen Frage nach dem Grund des Kommens
- Getränk anbieten

## e) Gesprächsführung
- interrogativ → z. B. bei einem standardisierten Interview
- asymmetrisch → der Proband bestimmt die Richtung des Gesprächs
- konservativ → Rede und Gegenrede als „dialektisches Ringen um einen 'geistigen Gegenstand'"
- taraktisch → Erschütterung des Probanden durch gegensätzliche Meinungsäußerung oder striktes Ablehnen seiner Meinungen; soll Reaktionen provozieren oder zurückgehaltene Wahrheiten zu Tage befördern

## f) Funktionsfragen nach ANGER (1969) in LUKESCH (1998, S. 113f.)
- Kontakt- oder Einleitungsfragen, Übergangs- oder Vorbereitungsfragen, Ablenkungs- oder Pufferfragen, Filterfragen, Rangier- oder Konzentrationsfragen, Motivationsfragen, Kontrollfragen. Ergänzungs- und Sondierungsfragen

## g) verbale, nonverbale und paraverbale Sprachaspekte
- Sprachcode (Dialekt, gruppenspezifische Idiome, Fachsprache)
- Übereinstimmung oder Differenz der Ebenen
- vorsichtige Fragenformulierung
  - z. B. bei Suggestivfragen und subtilen Belohnungs- und Bestrafungsreizen z. B. zustimmendes Nicken, schnelleres Eingehen auf Äußerungen, veränderte Stimmlage
  - könnten sonst Gesprächsbias (verzerrte Ergebnisse) hervorrufen
- Entscheidung über Auswahl direkter oder indirekter Fragen z. B. bei Tabubereichen
- projektive Fragen

## h) Anwendung von Verstärkungstechniken
- dem Probanden verbal und nonverbal mitteilen, dass seine Äußerungen wichtig und erwünscht sind
- Negativ
  - Ironische Bemerkungen
  - häufiger Blick auf die Uhr
  - Langeweile zeigen
- Positiv
  - Blickkontakt
  - bekräftigend nicken
  - Gemeinsamkeiten betonen
  - dem Probanden zugewendete Körperhaltung
  - ruhige Stimmlage
  - ruhige Körperbewegungen
  - Störungen von außen ausschalten bzw. dem unabwendbaren Störer seine Wirkung mitteilen und sich kurz fassen
  - keine anklagenden Fragen stellen
  - den Probanden nicht unnötig unterbrechen
  - ironischen und sarkastischen Humor vermeiden
  - Demonstration von Überlegenheit vermeiden
  - Lächeln, wann immer es angemessen ist

## i) Protokollierung
- wenn nicht mitgeschrieben wird, gehen ca. 60% der Informationen verloren

- Aufnahme ohne Wissen und Zustimmung des Probanden rechtlich verboten

**j) Gesprächsbeendigung**
- dem Probanden Gelegenheiten zum Stellen abschließender Fragen stellen
- wenn noch keine Ergebnisse mitgeteilt werden können, über Verfahrensfragen aufklären
- evtl. nächsten Termin vereinbaren (und schriftlich aushändigen)

## 4. Zusammenfassung

4.1. Dialogische Verfahren der Diagnostik sind eine gute Möglichkeit, sich auf den Probanden einzustellen und an subjektiv bedeutsame Informationen zu gelangen.

4.2. Man muss sich allerdings der Arten der sozialen Beeinflussung und der Gefahren der Verfälschung bewusst sein und diese im Gesprächsverlauf berücksichtigen.

**Literatur:**

- EICHLER, Wolfgang; PANKAU Johannes (2004): Multimediaprogramm Kommunikation. Kommunikations- und Konflikttraining im Rahmen der Lehreraus und -weiterbildung. Online verfügbar unter http://www.uni-oldenburg.de/germanistik-kommprojekt/sites/1/1_05.html, zuletzt aktualisiert am 19.05.2004, zuletzt geprüft am 04.01.2007.
- HELLER, Kurt A.; PERLETH, Christoph (2000): Informationsquellen und Meßinstrumente. Hierin: Psychodiagnostisches Gespräch (Anamnese und Exploration). In: HELLER, Kurt A. (Hg.): Begabungsdiagnostik in der Schul- und Erziehungsberatung. Bern. S. 104 – 109.
- LANGFELDT, Hans-Peter; TENT, Lothar (1999): Pädagogisch-psychologische Diagnostik. Band 2. Anwendungsbereiche und Praxisfelder. Göttingen. S. 103 – 108.
- LUKESCH, Helmut (1998): Einführung in die pädagogisch-psychologische Diagnostik. Regensburg. S. 94 – 116.
- UNABHÄNGIGES LANDESZENTRUM FÜR DATENSCHUTZ SCHLESWIG-HOLSTEIN (2006): FAQ des ULD Schleswig-Holstein – Bereich Schule. Online verfügbar unter http://www.datenschutzzentrum.de/faq/schule.htm, zuletzt aktualisiert am 30.12.2006, zuletzt geprüft am 04.01.2007.